Artistes I numéro 23

ALBRECHT DÜRER,
UN ARTISTE HUMANISTE

La Renaissance
dans le Nord de l'Europe

par Céline Muller

50MINUTES

Avec la collaboration de Stéphanie Reynders

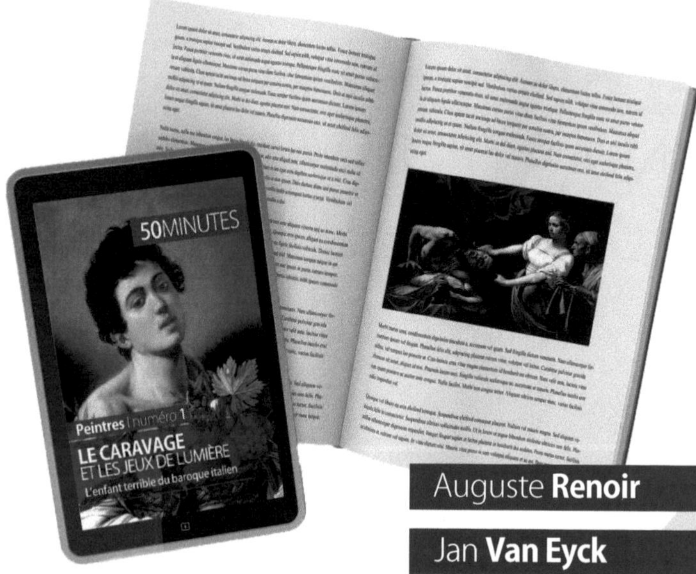

ALBRECHT DÜRER

- **Naissance ?** Né le 21 mai 1471 à Nuremberg.
- **Mort ?** Décédé le 6 avril 1528 dans la même ville.
- **Contexte ?** Albrecht Dürer est un artiste majeur de la Renaissance nordique. Attiré par l'aura intellectuelle et artistique qui émane de l'Italie, il y effectue deux voyages et rapporte ainsi en Allemagne les techniques et les innovations des maîtres italiens.
- **Œuvres majeures ?**
    - *Autoportrait aux gants* (1498)
    - *Autoportrait à la fourrure* (1500)
    - *Le Lièvre* (1502)
    - *Adam et Ève* (gravure de 1504 et peinture de 1507)
    - *La Vierge de la fête du rosaire* (1506)
    - *L'Adoration de la Sainte Trinité* (1511)
    - *Melancholia* (1514)
    - *Portrait de l'empereur Maximilien I*[er] (1519)

S'il est souvent difficile de reconstituer la vie et la formation des artistes renaissants du Nord, leur statut y étant moins valorisé qu'en Italie, Albrecht Dürer, qui consigne lui-même, dans des journaux, de nombreux détails sur son existence et ses œuvres, fait figure d'exception. Il est l'un des tout premiers artistes germaniques dont la réputation égale celle des Italiens, jusqu'alors considérés comme les maîtres incontestés dans tous les domaines artistiques. Aux côtés d'autres personnalités dont Hans Holbein l'Ancien (1465-1524) ou Quentin Metsys (1466-1530), Albrecht Dürer introduit la Renaissance dans le Nord de l'Europe, non seulement grâce à ses tableaux et à ses gravures, mais également grâce à son travail de théoricien de l'art. Nuremberg, où il passe l'essentiel de sa vie, s'avère le foyer idéal pour propager les nouveaux enseignements de la Renaissance.

Décrite par le théologien Martin Luther (1483-1546) comme « l'œil et l'oreille de l'Allemagne », elle jouit en effet d'un contexte privilégié, riche du prestige des nombreux graveurs, orfèvres et imprimeurs qui y prospèrent.

Intellectuel éclectique, Albrecht Dürer est le pur reflet de son temps, d'abord en raison de sa soif de connaissances et de son désir de les partager, en accord avec le principe d'universalité du savoir défendu par l'humanisme. Ainsi, il expérimente de nombreuses techniques artistiques, s'intéresse aux mathématiques, étudie l'anatomie et la nature à travers le dessin, et rédige plusieurs manuels sur l'art, l'histoire ou la religion. Par ailleurs, il attache une grande importance à la mise en valeur de l'homme et de l'artiste. Il signe ses toiles, à l'instar de nombreux autres peintres de l'époque, et multiplie les portraits et autoportraits, qu'il assortit souvent de commentaires personnels. Avec Albrecht Dürer, le peintre n'est plus relégué au rang de « faiseur d'images », mais se met lui-même en scène.

CONTEXTE

LE RAYONNEMENT ARTISTIQUE DE L'ITALIE...

Dès la fin du XIVe siècle, l'Italie, et plus particulièrement la ville de Florence, est le foyer de la Renaissance, un vaste mouvement de renouveau culturel et artistique. Celui-ci se caractérise notamment par la redécouverte de l'Antiquité gréco-romaine, une nouvelle valorisation de l'homme, une grande soif de connaissances et de multiples innovations dans le domaine des arts. Parmi les grands noms des débuts de la Renaissance italienne, citons notamment le sculpteur Donatello (1386-1466) et les peintres Fra Angelico (vers 1400-1455) et Masaccio (1401-1428).

Au XVIe siècle, Rome et Venise supplantent la cité florentine pour devenir à leur tour les plus grands centres artistiques européens. En tant que capitale de la chrétienté, Rome accueille un grand nombre de peintres, de sculpteurs et d'architectes de talent afin de mener à bien toute une série de grands projets initiés par l'Église : Michel-Ange (1475-1564), entre autres, réalise les fresques du plafond de la chapelle Sixtine tandis que Raphaël (1483-1520) décore les nouveaux appartements du souverain pontife. Malgré des techniques totalement différentes, les deux artistes poursuivent l'évolution entamée par leurs prédécesseurs et composent des œuvres de plus en plus dynamiques et de moins en moins symétriques. Venise, quant à elle, devient le berceau d'un nouveau style pictural qui utilise les couleurs et la lumière de façon inédite. Il est représenté par un peintre qui devient rapidement le plus célèbre de son époque : Titien (vers 1488-1576).

... VERS LE NORD DE L'EUROPE

Parallèlement, dans les années 1490-1510, le gothique s'essouffle dans l'ensemble de l'Europe – ou renaît sous des formes diverses. On voit alors apparaître des artistes de transition, encore empreints de l'art gothique, mais sensibles aux innovations italiennes, notamment en ce qui concerne la perspective. En effet, le rayonnement artistique de l'Italie attire un grand nombre d'étrangers, dont Albrecht Dürer, qui n'hésite pas à se rendre dans les plus grandes villes italiennes.

Outre ces voyages, les artistes du Nord s'inspirent également de l'art renaissant italien grâce aux gravures qui circulent en abondance à partir de la fin du XVe siècle. Il se produit alors une réelle Renaissance nordique, à l'image de celle qui bouleversa l'Italie à la fin du XIVe siècle. Ce courant s'inspire essentiellement de la nouvelle représentation de l'homme véhiculée par l'humanisme, donnant ainsi naissance à un art davantage orienté vers l'individu et plus réaliste, comme c'était déjà le cas chez les primitifs flamands. Par ailleurs, de nouveaux genres picturaux font leur apparition en tant que sujets autonomes, à l'image des natures mortes et des scènes de genre, utilisées au XVe siècle comme un support à la peinture religieuse. De même, on constate un nouvel attrait pour la nature, et les peintres allemands et flamands du début du XVIe siècle développent peu à peu le paysage comme genre pictural à part entière.

UNE ÉPOQUE FASTE POUR L'ALLEMAGNE

Albrecht Dürer naît dans un contexte économique privilégié. En effet, plusieurs régions d'Allemagne – la Bavière, la Franconie, la Souabe et l'Allemagne du Sud-Ouest –, et en particulier la ville de Nuremberg, dont Albrecht Dürer est originaire, jouissent d'une grande richesse grâce à leurs industries (orfèvrerie, dinanderie, armes et instruments de précision). Nuremberg, par sa position centrale, au croisement des routes européennes, est également le théâtre de nombreux échanges commerciaux.

Mais ce n'est pas là le seul atout de la ville : depuis 1423, c'est à Nuremberg que sont conservés les joyaux de la couronne impériale. Chaque année, la ville a le droit d'exposer les attributs de l'empereur lors d'une cérémonie prestigieuse (la *Heiltumsweisungen*) et a le privilège de pouvoir tenir une foire (au Moyen Âge, manifestation commerciale de grande envergure) à compter du jour de l'exhibition de la couronne et jusqu'à deux semaines après l'événement. Du XVe au XVIe siècle, Nuremberg connaît alors un âge d'or.

Sur le plan artistique, de grands noms tels que le peintre et graveur Michael Wolgemut (1434-1519), les sculpteurs Veit Stoss (1450-1533) et Adam Kraft (1455-1509) ou encore Albrecht Dürer lui-même créent à Nuremberg des œuvres dont la notoriété dépassera de loin les frontières de la ville. Dans le domaine scientifique, Nuremberg se distingue également des autres cités allemandes, puisque c'est là qu'en 1492, Martin Behaim (1459-1507) construit le premier globe terrestre, conservé jusqu'à notre époque et que Nicolas Copernic (1473-1543) publie *De Revolutionibus Orbium Coelestium*, jetant ainsi les bases de l'héliocentrisme. Enfin, suite à la prise de Mayence en 1462, dont est originaire l'inventeur de l'imprimerie, Gutenberg (vers 1400-1468), les typographes fuient la ville pour exercer leur métier à Nuremberg, faisant de cette dernière non seulement un important centre d'imprimerie, mais aussi un foyer intellectuel d'envergure.

L'INFLUENCE DE LA RÉFORME SUR LES ARTS

La fin de vie d'Albrecht Dürer est marquée par les affres de la Réforme. En 1517, Martin Luther affiche ses 95 thèses à Wittenberg. Il y défie l'autorité du pape en dénonçant les abus du clergé ainsi que le commerce des indulgences et en désignant la Bible comme unique source d'autorité religieuse. Il crée ainsi une querelle sans précédent au sein de l'Église catholique, qui aboutit à la scission de la chrétienté et à la création des églises protestantes. La Réforme gagne principalement le Nord-Ouest et le Nord de l'Europe, notamment l'Allemagne, où princes catholiques et luthériens entrent en conflit, et les actuels Pays-Bas, où les catholiques du sud affrontent les protestants du nord.

Ces événements entraînent d'abord une baisse des commandes religieuses, puis une véritable crise iconoclaste. La Réforme protestante s'étant fait un devoir de détruire les « idoles » élevées à la gloire de Dieu pour revenir à la pureté de la foi, l'art sacré catholique est systématiquement désavoué, pillé et détruit, à un point tel qu'on ne peint plus de tableaux d'autel en Allemagne après 1530.

En réponse à la Réforme, l'Église catholique tient, de 1545 à 1563, le concile de Trente, qui inaugure un vaste mouvement appelé Contre-Réforme ou Réforme catholique. Son but est de rendre au catholicisme son prestige perdu, notamment grâce à la promotion d'un art religieux grandiloquent : le baroque.

BIOGRAPHIE

UNE VOCATION PRÉCOCE

Albrecht Dürer, né le 21 mai 1471 à Nuremberg, est le troisième enfant d'Albrecht Dürer l'Ancien (1427-1502), un orfèvre hongrois ayant émigré en Allemagne vers 1455, probablement attiré par la renommée de la ville en orfèvrerie. Le jeune Dürer, destiné à reprendre le métier de son père, entre en apprentissage à l'âge de 13 ans. S'il apprend le maniement de la pointe et du burin, c'est dans la pratique du dessin qu'il se révèle véritablement. Vers la fin de l'année 1486, il intègre alors l'atelier de Michael Wolgemut, qui le familiarise avec l'huile, la gouache et l'aquarelle.

À la fin de son apprentissage, le jeune compagnon effectue le voyage qui lui permettra d'accéder à la maîtrise, ainsi que l'exigent les règles de sa corporation : après avoir été apprentis, les jeunes artistes accèdent au statut de compagnon, puis acquièrent le titre de maître. Son parcours est, encore aujourd'hui, mal connu. Cependant, les historiens s'accordent sur son arrivée à Colmar en 1492, Dürer ayant été attiré dans cette ville par la réputation de Martin Schongauer (1450-1491), considéré comme le plus illustre graveur de son temps. Malheureusement, ce dernier décède de la peste quelques jours avant l'arrivée du jeune homme, et c'est finalement avec ses frères que Dürer perfectionne sa technique de gravure.

Il séjourne ensuite à Bâle, en 1492, puis à Strasbourg, entre 1493 et 1494, époque à laquelle il signe ses premières gravures : le frontispice des *Lettres de saint Jérôme*, ainsi que quelques illustrations pour *La Nef des fous*, un livre satirique de l'Alsacien Sébastian Brant (1457-1521). À côté de son œuvre gravée, Dürer peint également un autoportrait appelé *Portrait de l'artiste tenant un chardon* (1493), et exerce sa main dans divers dessins et études à la plume.

En 1494, Dürer est de retour dans sa ville natale où il épouse Agnès Frey. Ce mariage arrangé par les familles des époux, dépourvu d'amour, finira sans héritier. C'est d'ailleurs seul que l'artiste effectue son premier voyage en Italie, quatre mois à peine après ses noces. Agnès n'accompagnera jamais Dürer lors de ses périples, mais elle sera chargée de vendre ses gravures en son absence.

L'INFLUENCE ITALIENNE

S'il se rend aussi à Padoue, à Mantoue et à Crémone, Dürer s'attarde principalement à Venise, où il s'imprègne de l'Antiquité classique et des principes de l'humanisme. Il y côtoie des artistes phares de l'époque : le peintre Giovanni Bellini (vers 1430-1516) et le peintre et graveur Andrea Mantegna (1431-1506). Par ailleurs, il visite les églises et les palais afin d'étudier l'art renaissant, et observe beaucoup la nature dans le but de la maîtriser par le dessin. Il réalise ainsi des aquarelles représentant des paysages italiens. Enfin, il récupère également des gravures dont il s'inspire pour certains de ses dessins datés de cette époque, notamment *La Mort d'Orphée* (1494), où l'on reconnaît l'influence d'Andrea Mantegna.

De retour à Nuremberg vers 1495, profondément marqué par son voyage, Dürer s'essaye à de nouvelles techniques, entre autres la gravure au burin, et choisit des sujets inédits directement importés de la Renaissance italienne, comme les nus féminins et masculins. Parmi ses gravures les plus célèbres de cette époque, citons *La Sainte Famille à la sauterelle* (1495), *La Sainte Famille aux lièvres* (1496), *Saint Jérôme se mortifiant* (1496), *Le Bain des hommes* (1496), *La Vierge au macaque* (1496) ou encore la série de l'*Apocalypse*, qui fait déjà écho à l'inquiétude de Dürer face aux troubles religieux qui se profilent.

Même si, durant cette période, il accorde plus d'importance à ses gravures qu'à ses peintures, Dürer reçoit de prestigieuses commandes picturales du duc de Saxe, Frédéric III le Sage (1463-1525). Pour pouvoir les honorer, le peintre s'entoure de collaborateurs dévoués et monte un atelier. C'est à cette même époque qu'il reçoit des commandes de la part des familles aisées de Nuremberg pour des œuvres religieuses de grandes dimensions. La plus imposante, le *Retable Paumgartner* (1502-1504), révèle une étude minutieuse des proportions (humaines et architecturales), probablement suite à sa découverte de la perspective en Italie. Enfin, Dürer excelle dans l'art du portrait, point fort de son art. On lui connaît notamment plusieurs portraits de son père (1490 et 1497), de Frédéric III le Sage (1496) ou encore de Michael Wolgemut (1516).

UN IMPORTANT TRAVAIL THÉORIQUE

Dürer retourne en Italie de 1505 à 1507, tant pour des motifs artistiques que pour fuir la peste. S'il séjourne également à Pavie, Bologne et Padoue, il passe à nouveau la plupart de son temps à Venise, où il obtient un grand succès. Il y peint notamment le retable de l'église San Bartolomeo, *La Vierge de la fête du rosaire* (1506), pour des marchands allemands basés dans la cité. À cette période, son travail de peintre prend le pas sur la gravure : il n'effectue pas moins de six portraits et deux madones, ses sujets favoris. Mais si le peintre effectue ce voyage en Italie, c'est principalement pour étudier plus en profondeur les règles de la perspective, conscient des lacunes théoriques dans la formation des artistes du Nord. Il rencontre alors des théoriciens de la perspective et des mathématiciens avec pour ambition de rédiger son propre traité d'art. Malheureusement, faute de temps, cet ouvrage restera inachevé.

Quand il rentre à Nuremberg en 1507, Dürer est un homme nouveau, pleinement convaincu par les principes humanistes, qu'il a à présent totalement assimilés. Dans cet esprit, il poursuit son travail intellectuel, voire scientifique, en écrivant des traités sur la peinture et les mathématiques. Aussi les œuvres réalisées à son retour d'Italie sont-elles imprégnées de l'idéal renaissant, comme c'est le cas des grands nus d'*Adam et Ève* (1507). Dürer se consacre également à la gravure et livre des chefs-d'œuvre tels que *Le Chevalier, la mort et le diable* (1513) ou encore *Saint Jérôme dans sa cellule* (1514).

En 1515, l'orientation « classicisante » de son art encourage l'empereur Maximilien Ier de Habsbourg (1459-1519), grand amateur d'art italien, à nommer Dürer peintre de sa cour. L'artiste, qui reçoit une pension et des titres de noblesse, effectue un important travail de graveur et de dessinateur, réalisant plusieurs œuvres à la gloire de Maximilien Ier. Mais le décès subit de l'empereur en 1519 l'oblige à entreprendre un dernier voyage en Hollande afin d'obtenir le prolongement de ses privilèges auprès du nouvel empereur, Charles Quint (1500-1558). Célébré partout où il passe, il rencontre également de nombreux artistes et savants parmi lesquels le célèbre humaniste Érasme (1469-1536), dont il dessine le portrait en 1520.

À la fin de sa vie, Dürer est profondément marqué par la Réforme. À partir de 1524, il ralentit son activité artistique et se concentre sur ses traités, qu'ils soient mathématiques (*Géométrie*, 1525), relatifs aux fortifications (*Instruction sur la fortification des villes, bourgs et châteaux*, 1527) ou encore aux proportions du corps humain (*Traité des proportions du corps humain*, 1528). Sa santé se dégrade toutefois rapidement et il meurt le 6 avril 1528. Sur sa tombe, conservée dans le cimetière de Johanniskirchhof à Nuremberg, on peut encore lire : « À la mémoire d'Albrecht Dürer. Ce qui était mortel en Dürer est enseveli dans cette tombe » – dernier vestige de l'admiration que lui vouaient ses contemporains.

CARACTÉRISTIQUES

UN ART PICTURAL À LA FOIS GOTHIQUE ET RENAISSANT

Même si la composante renaissante, importée d'Italie, semble dominer l'œuvre de Dürer, son art pictural repose sur des bases flamandes. Il consiste ainsi davantage en un équilibre entre l'héritage gothique du Nord et les nouveautés de la Renaissance italienne qu'en une création originale.

En ce qui concerne l'influence nordique, Dürer privilégie les atmosphères typiquement flamandes et fait preuve d'une grande minutie dans la représentation des détails, en écho aux primitifs flamands (Jan Van Eyck, vers 1390-1441, ou Rogier van der Weyden, vers 1400-1464, par exemple), mais également à sa formation de graveur et d'orfèvre. La perfection des lignes provient également sans doute de sa formation initiale : Dürer préfère en effet se concentrer sur le dessin plutôt que sur la couleur. Enfin, ses œuvres picturales sont encore très marquées par la thématique religieuse : il peint de nombreuses Vierge à l'Enfant, alors qu'il ne représente quasiment pas de sujets historiques ou mythologiques, alors en vogue en Italie – bien que les artistes renaissants ne délaissent pas non plus le religieux.

De son expérience italienne, l'artiste retient tout d'abord l'aspect scientifique de son travail de peintre. Il étudie les proportions humaines et les lois de la perspective codifiées en Italie au XVᵉ siècle, et compose ses œuvres suivant des modèles mathématiques ou des systèmes de proportions stricts. Mais il produit également une quantité impressionnante de dessins et d'études divers. Révélant une attention à chaque détail, ces études sont presque comparables à des travaux de botaniste ou d'entomologiste tant elles sont méticuleuses. Par ailleurs, Dürer adopte le même réalisme scrupuleux dans ses nombreux portraits. Sans concession esthétique, il s'applique au contraire à rendre fidèlement les traits de ses modèles, donnant à voir, à travers eux, leur personnalité. Ses autoportraits sont, quant à eux, une manière de valoriser son statut d'artiste. Toujours signés et datés, certains comportent même des annotations explicatives sur le tableau lui-même.

À côté de ses peintures à l'huile, Dürer s'essaye à deux techniques encore peu courantes en tant que telles en Allemagne : la gouache et l'aquarelle, qu'il utilise en outre dans un tout nouveau contexte. Autrefois reléguées aux enluminures, elles sont employées pour peindre des paysages ou pour des études de plantes et d'animaux.

L'IMPORTANCE DU DESSIN DANS LA GRAVURE

C'est principalement à ses gravures, plus qu'à son œuvre peinte, que l'artiste doit sa renommée. Dürer acquiert, dès son plus jeune âge, une connaissance très technique de la gravure, grâce à son apprentissage d'orfèvre. Son style est d'emblée fluide et élégant, mais il gagne encore en qualité, et surtout en maturité, suite à son premier voyage à Venise. On perçoit alors dans ses gravures l'influence d'artistes italiens de renom comme Giovanni Bellini, Verrocchio (1435-1488) ou Léonard de Vinci (1452-1519). Par ailleurs, il étudie la technique du clair-obscur italien qu'il adapte à son art en la retranscrivant toutefois de manière un peu moins contrastée. Ses gravures relèvent d'une qualité technique exceptionnelle. Graver demande énormément de temps et de minutie, en raison des petits formats et des nombreux détails, et pourtant les accidents (une fibre de bois qui saute ou un coup de burin allant trop loin) sont très rares dans les œuvres de Dürer.

On lui connaît pas moins de 300 gravures, pour la plupart à thématique religieuse, avec une proportion de 200 ouvrages en bois pour un peu plus d'une centaine de cuivres. Mais Dürer ne grave pas toujours lui-même ses œuvres sur bois : il se contente bien souvent de fournir à des artisans le dessin originel et leur laisse le soin de graver les planches suivant son modèle.

Dans les années 1510, Dürer délaisse la peinture au profit de la gravure. Cela lui permet de se concentrer sur l'essentiel selon lui, c'est-à-dire le dessin. En effet, la recherche graphique prévaut dans toutes les techniques utilisées par l'artiste. On peut ajouter que, de cette façon, son travail de graveur influence son travail de peintre et inversement. En outre, on retrouve dans ses estampes la même construction mathématique de l'espace, la même recherche des exactes proportions des formes et le même souci de réalisme que dans ses peintures. Les 700 représentations animales qui apparaissent dans ses gravures démontrent toutes le soin avec lequel Dürer s'acharne à reproduire le réel.

LE MARIAGE DES SCIENCES ET DES ARTS

Si, aujourd'hui, les deux termes semblent mal s'accorder, la Renaissance, en revanche, encourage la pluridisciplinarité des artistes et les invite même à introduire des notions scientifiques et mathématiques dans leurs œuvres. Dans cette optique, Dürer crée un perspectographe, appareil qui permet de dessiner des scènes en perspective. Cet instrument, appelé le « portillon de Dürer » ou encore le « fenêtre de Dürer », est composé d'un cadre en bois et d'une vitre quadrillée. Le cadre est positionné devant la scène que le peintre souhaite représenter tandis que celui-ci se place derrière et regarde la scène à travers un œilleton (cylindre terminé par un cercle de bois). Il retranscrit ensuite ce qu'il observe sur un papier quadrillé. Dürer met son invention à disposition de tous ses lecteurs dans son traité de 1535, *Instruction sur la manière de mesurer à l'aide du compas et de l'équerre*. Ce traitement presque scientifique de la peinture est certainement une des caractéristiques majeures de l'artiste, qui s'est en outre intéressé à d'autres sciences, dont les mathématiques, entre autres.

Sa soif de connaissances, à la fois scientifiques et artistiques, et son désir de les partager font de Dürer un véritable humaniste. En adéquation avec cette doctrine, il croit fermement aux capacités de l'homme et œuvre pour le progrès de l'humanité.

SÉLECTION D'ŒUVRES

LE BAIN DES HOMMES

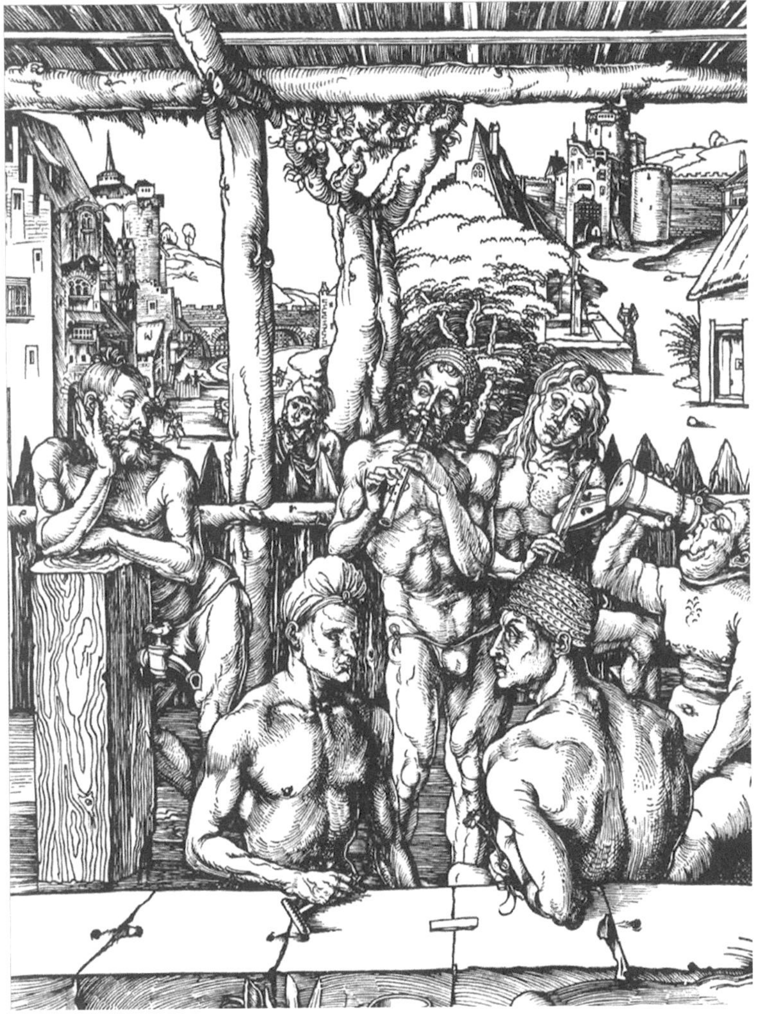

Le Bain des hommes, 1496, gravure sur bois, 39,1 x 28 cm, Paris, bibliothèque Sainte-Geneviève.

Œuvre singulière pour son époque, *Le Bain des hommes*, une gravure isolée dont la destination reste incertaine aujourd'hui encore, a choqué les contemporains de Dürer. Si la représentation du nu révèle l'influence de l'art de la Renaissance sur l'œuvre de l'artiste allemand, son utilisation évoque ici des images bien éloignées des modèles antiques qui l'inspireront ultérieurement (*Le Bain des femmes* s'inspirera par exemple de diverses représentations de Vénus). On peut en effet voir des images à la fois cocasses (par exemple le placement judicieux du robinet au niveau du bas-ventre du personnage à l'extrême gauche) et, en même temps, une véritable étude anatomique : la variété des poses et des musculatures des différents personnages permet à Dürer de jouer sur les effets de lumière et de modelé pour éprouver son art. Par ailleurs, derrière l'apparente légèreté du sujet, les règles de proportion et de perspective sont scrupuleusement respectées et particulièrement visibles dans l'architecture du préau à l'avant-plan et dans le château et les maisons de l'arrière-plan. Certains historiens y voient également différentes représentations symboliques, comme celle des cinq sens.

UNE GRAVURE CONTROVERSÉE

Le Bain des hommes a alimenté de nombreuses polémiques au sujet d'Albrecht Dürer. En effet, Thomas Eser, curateur de l'exposition « The early Dürer », présentée de mai à septembre 2012 au Germanisches Nationalmuseum de Nuremberg, et Matthias Mende, l'un des plus grands spécialistes de Dürer, ont émis l'hypothèse selon laquelle l'artiste aurait été, sinon homosexuel, tout du moins bisexuel. Mende a d'ailleurs donné une conférence à Nuremberg en novembre 2011 où il posait la question « War Dürer bisexuell ? », soit « Dürer était-il bisexuel ? » Outre la controverse suscitée par cette gravure, ces historiens, pour appuyer leurs thèses, attirent l'attention non seulement sur la stérilité de l'union entre Dürer et son épouse, mais aussi sur des annotations licencieuses retrouvées au verso d'un portrait de l'auteur et suggérant les penchants sodomites de l'artiste.

AUTOPORTRAIT À LA FOURRURE

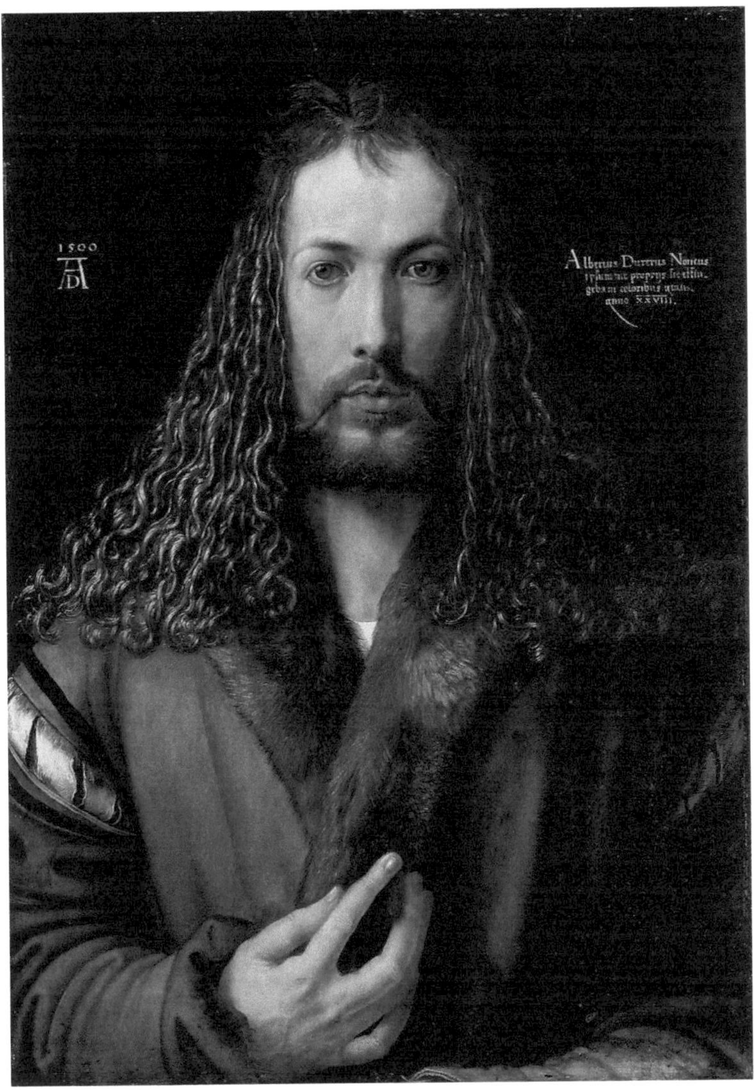

Autoportrait à la fourrure, 1500, huile sur bois, 67,1 x 48,7 cm, Munich, pinacothèque.

Dürer est un maître du portrait, genre pictural très répandu à cette époque. Si l'*Autoportrait à la fourrure* n'est pas révolutionnaire à proprement parler, la pose de l'artiste est toutefois assez originale. En effet, la majorité des portraits dits classiques sont rendus de trois quarts, éclairés par une lumière venant du coin supérieur gauche. Ici, le portrait est frontal et symétrique, avec très peu de recul vis-à-vis du spectateur. Le choix de cette composition, à laquelle s'ajoute un fond noir opaque duquel la figure du peintre ressort particulièrement, met en valeur le sujet de manière inédite.

Cette valorisation est encore renforcée par la petite phrase peinte sur la partie droite du tableau : « Ainsi, moi, Albrecht Dürer de Nuremberg, me suis peint avec des couleurs indélébiles à l'âge de 28 ans. » Il s'agit pour l'artiste d'immortaliser ses traits et de valoriser en même temps son statut de peintre. En effet, à cette époque, la peinture, auparavant considérée comme une activité artisanale, devient un art à part entière : les peintres ne sont plus de vulgaires artisans, mais des artistes dignes d'éloges. Avec cet autoportrait, Dürer s'inscrit en tant que peintre dans la nouvelle société de la Renaissance.

Un autre trait frappant dans cette œuvre est la ressemblance de Dürer avec un autre portrait largement reproduit dans la tradition médiévale et à la Renaissance, celui du Christ. En effet, c'est habituellement à Jésus qu'est réservée cette pose frontale, fixant l'horizon droit devant. La ressemblance est volontairement accentuée par l'artiste qui s'est non seulement peint avec les cheveux bruns alors qu'ils sont pratiquement roux dans ses autres portraits, mais aussi avec un geste s'apparentant presque à un signe de bénédiction. Toutefois, il ne faut pas pour autant considérer cet autoportrait comme une œuvre blasphématoire : Dürer rend ici hommage aux compétences artistiques qui lui ont été octroyées par Dieu. Il s'agit d'une manière supplémentaire de valoriser les arts en tant que dons divins.

Enfin, d'un point de vue stylistique, il est important de noter l'extrême habileté du peintre dans le rendu réaliste des matières et des textures. Il revêt ici un costume contemporain avec un col de fourrure au rendu particulièrement bien maîtrisé. De même, la légèreté de ses cheveux et les plis de son costume sont traités avec de multiples nuances qui révèlent un grand souci du détail. Ce réalisme, qui résulte d'une observation presque scientifique de lui-même, est typique de l'art de la Renaissance.

LE LIÈVRE

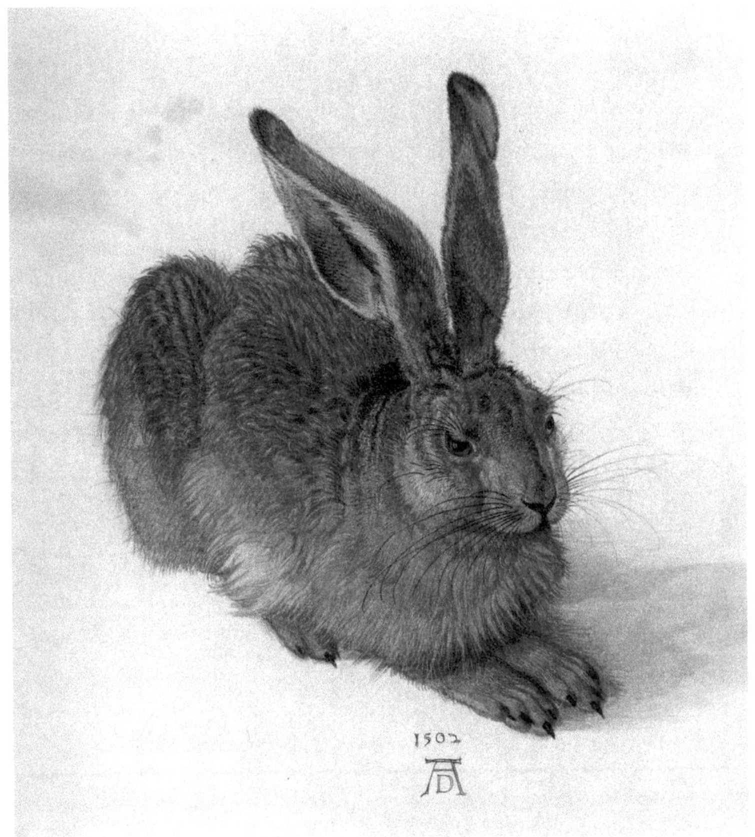

Le Lièvre, 1502, aquarelle et gouache sur papier, 25,1 × 22,6 cm, Vienne, musée Albertina.

Cette œuvre est l'un des plus beaux exemples de peinture naturaliste de Dürer. Le lièvre est représenté au centre d'un format pratiquement carré, sans décor ni fond, et occupe tout l'espace disponible. Le peintre a souvent utilisé ses dessins à l'aquarelle et à la gouache comme croquis préparatoires avant de les introduire dans des gravures ou des tableaux ultérieurs. Cependant, aucune de ses œuvres ne reprend ce modèle précis. C'est pourquoi il est fort probable que ce lièvre constitue un sujet à part entière. Cette hypothèse est également corroborée par le fait que la date (1502) et le monogramme de l'artiste (AD) sont apposés bien en évidence sous l'animal.

D'un point de vue technique, l'artiste a d'abord esquissé les formes générales de l'animal avant de recouvrir son dessin préparatoire d'une sous-couche brune peinte à l'aquarelle. Il a ensuite représenté les différentes textures du pelage à l'aide de plusieurs pinceaux et d'une palette très variée de bruns, à l'aquarelle et la gouache. Ensuite, il a peint, un à un, les poils blancs du lièvre, puis il a parachevé son œuvre en rehaussant le pelage de la bête de traits noir. La précision naturaliste et la virtuosité technique dont Dürer fait preuve ici font écho à l'intérêt accru des artistes vis-à-vis de l'anatomie et de la nature.

LA VIERGE DE LA FÊTE DU ROSAIRE

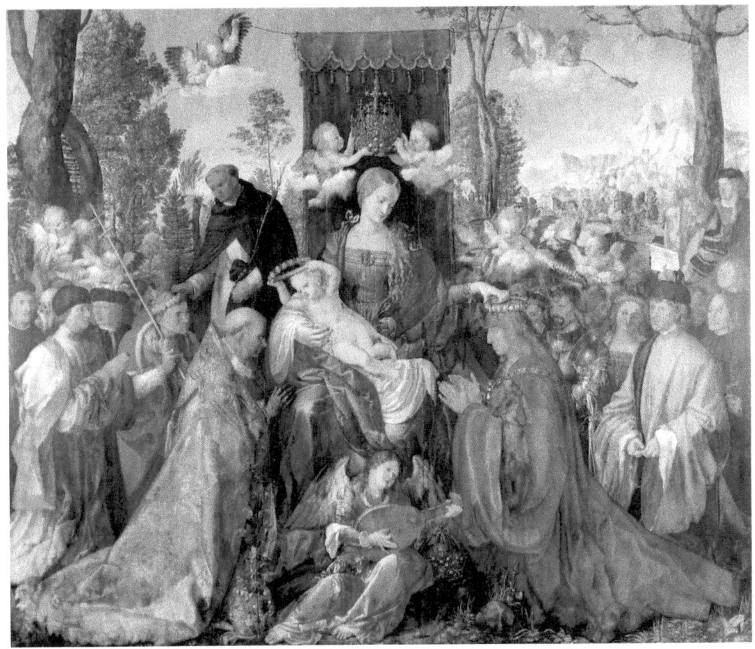

La Vierge de la fête du rosaire, 1506, huile sur bois, 162 x 192 cm, Prague, galerie nationale.

Ce tableau est, à l'origine, conçu pour l'autel latéral de l'église San Bartolomeo de Venise. Il s'agit d'une commande du banquier Jacob Fugger (1459-1525), chez qui Dürer loge à Venise à cette époque et qui est le président de la riche communauté allemande installée dans cette ville. Ce tableau est l'œuvre majeure du voyage vénitien du peintre. Il y mêle à la fois des techniques vénitiennes, notamment dans l'usage très contrasté des couleurs, mais conserve cependant des caractéristiques typiquement germaniques, comme l'aspect solennel et rigide des figures, hérité de la tradition gothique.

On connaît, en guise de croquis préparatoires, de magnifiques études de costumes et de personnages qui ont contribué à peindre de la manière la plus réaliste possible les nombreux détails de ce tableau. À ce sujet, il est amusant de constater que la Vierge elle-même n'est plus vêtue à la mode allemande, mais comme une Italienne, témoignant ainsi, une fois de plus, des sources d'inspiration de Dürer. En outre, un des plus fameux détails de l'œuvre est certainement la présence de Dürer lui-même, représenté à l'arrière-plan dans le coin supérieur droit, en train de désigner un cartouche portant sa signature, la date et la mention des cinq mois passés à l'exécution du tableau. Par ailleurs, on constate un meilleur rendu des ombres qui tranche nettement avec celui des icônes byzantines. Enfin, en plus de ses études picturales, l'artiste s'est également livré à un important travail sur l'anatomie, la géométrie et les mathématiques (dans le cadre de la perspective), et il s'est aussi approprié les techniques italiennes de peinture sur bois.

L'organisation de la composition est triangulaire : on trouve la Vierge Marie au sommet, l'empereur Maximilien et le pape Jules II à la base. En effet, le banquier Fugger, commanditaire de l'œuvre, servait d'intermédiaire entre les deux hommes au sujet du couronnement de l'empereur : il a longtemps essayé d'obtenir du pape qu'il couronne l'empereur, mais ce vœu ne s'est jamais concrétisé. L'enfant Jésus est en revanche légèrement excentré de l'axe du tableau. Dans tous les cas, le traitement particulier réservé à ces quatre personnages a pour but d'insister sur leur importance. Dans la même optique, la ligne d'horizon est placée sur le haut du bustier de la Vierge, le point de fuite étant ainsi centré sur son pendentif rouge, pour attirer les regards sur elle et sur les trois autres personnages. Enfin, un axe de symétrie est matériellement représenté par la Vierge pour finir d'ordonner la composition.

Un dernier personnage important, peint dans des couleurs sombres et décentré, sur la gauche de la Vierge, est mis en exergue : saint Dominique de Guzmán (vers 1170-1221), fondateur de l'ordre des dominicains et l'un des grands défenseurs du culte de Marie (dont fait partie la dévotion du rosaire). Sa présence révèle le nouvel attrait des chrétiens, à partir du XIIIe siècle, pour les rites consacrés à la Vierge sous l'impulsion de l'ordre dominicain. Le thème iconographique représentant la Vierge Marie offrant une rose ou un chapelet à saint Dominique est, par ailleurs, un thème populaire à cette époque même si, dans cette œuvre, c'est bel et bien à l'empereur que la Vierge offre une couronne de fleurs. Ce glissement iconographique répond à l'objectif idéologique du tableau : promouvoir le couronnement de l'empereur Maximilien Ier.

MELANCHOLIA

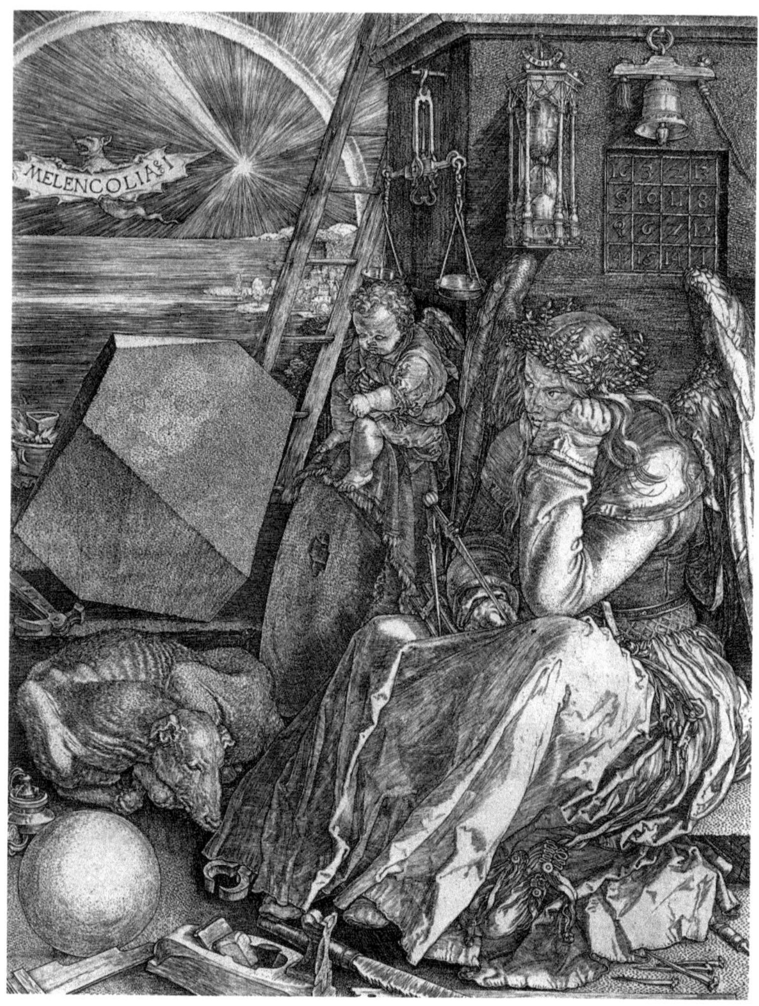

Melancholia, 1514, gravure sur cuivre, 23,9 x 16,8 cm, Francfort-sur-le-Main, Städel.

Melancholia est certainement la gravure la plus mystérieuse de Dürer et fait encore, à l'heure actuelle, l'objet de différentes études. Si la présence de divers symboles connus est avérée, on s'interroge encore sur leurs interactions et leurs significations. On reconnaît ainsi des éléments bibliques comme l'ange et le chérubin, des éléments purement mathématiques tels que le polyèdre (la construction géométrique à gauche), le compas ou encore le carré magique (à droite) et des éléments symboliques comme le sablier, qui évoque l'écoulement du temps, ou le lévrier, l'une des figures de l'Apocalypse.

L'hypothèse d'interprétation la plus courante est celle de l'historien de l'art Erwin Panofsky (1892-1968), qui voit dans cette œuvre un autoportrait spirituel de l'artiste (KLIBANSKY (Raymond), PANOFSKY (Erwin) et SAXL (Fritz), *Saturne et la Mélancolie*, Paris, Gallimard, 1989). Patrick Doorly a suggéré quant à lui que ce serait plutôt l'aveu de l'artiste de l'échec à définir la beauté telle que le philosophe grec Platon (vers 427-347 av. J.-C.) l'a décrite (DOORLY (Patrick), *Durer's Melancholia : Plato's abandoned search for the beautiful*, New York, College Art Association, 2006). Enfin, Louis Barmont a avancé l'hypothèse que Dürer aurait rejoint une société chrétienne ésotérique (BARMONT (Louis), *L'Ésotérisme d'Albert Dürer. La* Melancholia, Paris, Les éditions traditionnelles, 1994).

Avec *Le Chevalier, la mort et le diable* et *Saint Jérôme dans sa cellule*, deux gravures réalisées entre 1513 et 1514, *Melancholia* appartient à un ensemble appelé les « cuivres magistraux » (ou *Meisterstiche*, en allemand). Les principes mis en œuvre dans la construction de la perspective et dans les rapports de proportions sont directement influencés par les voyages de l'artiste en Italie et les traités antiques que l'on redécouvre à l'époque, notamment ceux de Vitruve (90-20 av. J.-C.). Dans ses peintures, il s'applique à rendre le réel de façon cohérente, comme on peut le voir dans la musculature du chien ou dans les plis de la robe du personnage représenté. À cela s'ajoute encore une tension dramatique dans le regard de l'ange qui confère à l'ensemble une aura presque expressionniste encore rare dans les œuvres de cette période.

- 32 -

PORTRAIT DE L'EMPEREUR MAXIMILIEN Ier

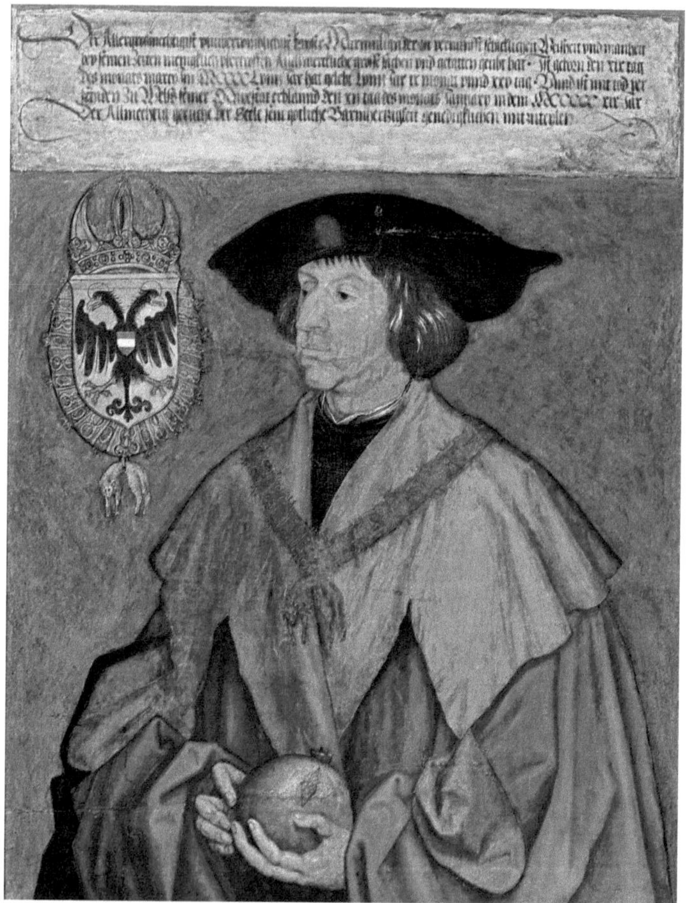

Portrait de l'empereur Maximilien Ier, 1519, huile sur bois (tilleul), 74 x 61,5 cm, Vienne, Kunsthistorisches Museum, Gemäldegalerie.

Cette œuvre représente Maximilien Ier, dirigeant suprême du Saint Empire romain germanique. En 1518, à l'occasion d'un rassemblement des chefs d'État au sein de l'empire, Maximilien Ier fait appel à Dürer pour réaliser son portrait. L'artiste est invité dans son palais, où il effectue quelques dessins préparatoires au crayon. La date précise de la convocation du peintre dans la demeure impériale est parvenue jusqu'à nous grâce à une annotation au verso des esquisses : « L'empereur Maximilien dont Albrecht Dürer a fait le portrait à Augsbourg, au grand palais dans une petite chambre, le lundi 28 juin 1518. »

Le style général de ce portrait est d'un réalisme saisissant, notamment dans le rendu des plis vestimentaires ou dans le détail des cheveux et de la fourrure. Cependant, la force de cette œuvre réside dans l'habilité du peintre à rendre la majesté, le charisme et la force de caractère de l'empereur. C'est un portrait très expressif qui met particulièrement en avant les qualités morales du modèle.

La composition de l'œuvre est quant à elle tout à fait classique. S'inspirant des primitifs flamands, Dürer propose un portrait de trois quarts sur un fond uni. Un détail symbolique est également glissé dans l'œuvre, à la manière des peintres du Nord. Il s'agit d'une grenade, un fruit renfermant de multiples grains sous son écorce, qui évoque l'union des nombreux sujets (représentés par les grains) de l'empereur sous sa seule autorité.

Enfin, une longue citation exaltant les qualités de Maximilien Ier complète le tableau. C'est un détail qui a son importance quand on sait que le portrait a été terminé après le décès de l'empereur à l'aide des dessins préparatoires.

ALBRECHT DÜRER, UNE SOURCE D'INSPIRATION

À son époque, Dürer est une figure admirée, une gloire nationale qui fait la fierté de ses contemporains. Jacques Wimpfeling (1450-1528), humaniste alsacien et grand admirateur de Dürer, en fait l'égal de Parrhasius et d'Apelle, deux peintres légendaires de la Grèce antique : « Élève de Martin Schaungauer, Albrecht Dürer, un Allemand du Nord aussi, domine tout particulièrement notre époque et peint à Nuremberg les tableaux les plus accomplis, que les marchands apportent en Italie où les peintres les plus célèbres les tiennent en même estime que ceux de Parrhasius et d'Apelle. » (WIMPFELING (Jacques), *Epithomarerum Germanicarum*, Strasbourg, 1505) Dürer apparaît comme une figure emblématique souvent évoquée avec nostalgie pour rappeler le prestige de l'Allemagne du XVIe siècle sur les plans culturel et intellectuel. Goethe (1749-1832), autre figure incontournable des arts et des lettres germaniques, mais également, en France, Eugène Delacroix (1798-1863) ou encore Auguste Rodin (1840-1917), ne manquent pas de citer Dürer comme une source d'admiration.

C'est donc tout d'abord en Allemagne, et tout particulièrement dans son entourage immédiat, que transparaît l'influence de l'artiste. Wolf Traut (1485-1520) intègre l'atelier de Dürer en 1504 et se forme auprès de l'artiste, aussi bien à la peinture qu'à la gravure. Son œuvre la plus fameuse est certainement le *Retable d'Artelshofen*, peint 10 ans plus tard, en 1514. L'influence de son maître est incontestable, notamment dans l'emploi de couleurs vives et contrastées qui évoquent *La Vierge de la fête du rosaire*. Grâce à Dürer et sans s'être jamais rendu en Italie, Wolf Traut développe une palette chatoyante typiquement vénitienne. Le cadre lui-même, avec des motifs de candélabres, apporte un côté italianisant à l'ensemble. En outre, la composition de l'œuvre, triangulaire et très équilibrée, pour ne pas dire symétrique, reflète bien la rigueur mathématique de son maître. Pour en finir avec les comparaisons, Traut appose à son retable un monogramme (un grand « W » comportant un « T » en son centre) qui n'est pas sans rappeler celui du Nurembergeois.

La même influence est visible dans le *Portrait du duc Louis X de Bavière* peint par Barthel Beham (1502-1540), un autre élève de Dürer. Dans son *Portrait du duc Louis X de Bavière* (1531), Beham met beaucoup de soin à peindre son modèle, spécialement son costume. Le rendu de la fourrure est soigné et contraste avec la matière soyeuse de son manteau. De même, on distingue nettement l'opposition entre le couvre-chef du duc et ses cheveux. Il s'agit ici, comme dans l'*Autoportrait à la fourrure*, d'utiliser le tableau comme un prétexte à un jeu sur les matières. Les dimensions sont, à peu de choses près, les mêmes que celle de l'œuvre de Dürer et le personnage remplit également la majorité de l'espace pictural. Cependant, on relève une petite différence entre les deux œuvres. Si les deux artistes jouent sur le contraste entre le personnage peint et le fond, ils le font de façon totalement opposée : tandis que Dürer utilise un fond très sombre, faisant ressortir le manteau clair, Beham a choisi un manteau foncé qui ressort d'un fond plus clair.

Enfin, *Le Lièvre* a une postérité inattendue : il n'existe pas moins de 25 copies (strictes imitations, intégrations dans d'autres œuvres ou encore réinterprétations) de sa célèbre aquarelle, à Nuremberg, à Prague, à Munich ou encore en Flandre. Elles ont toutes été réalisées moins d'un siècle après la mort de Dürer et certaines d'entre elles portent une fausse signature de l'artiste. Parmi ses imitateurs les plus doués, on compte l'allemand Hans Hoffmann (1530-1591) et l'enlumineur flamand Joris Hoefnagel (1542-1601), qui réalise, entre 1475 et 1580, une copie pratiquement parfaite du *Lièvre* de Dürer, *Lièvre couché, tourné vers la droite*, tout en employant une technique différente : Hoefnagel préfère l'encre à la gouache.

EN RÉSUMÉ

- Albrecht Dürer, peintre, graveur et théoricien de l'art allemand né en 1471 à Nuremberg, introduit dans le Nord de l'Europe, avec d'autres artistes, les nouveautés de la Renaissance italienne dont ses œuvres sont imprégnées.

- Intellectuel éclectique, il partage avec les humanistes de son époque une soif intense de connaissances et un grand désir de les partager. Ainsi, il expérimente de nombreuses techniques artistiques, s'intéresse aux sciences et rédige plusieurs manuels pratiques.

- S'il reçoit d'abord une formation d'orfèvre, c'est dans la pratique du dessin qu'il se révèle véritablement. D'ailleurs, que ce soit dans ses gravures ou dans ses peintures, il privilégie tout au long de sa carrière la perfection des lignes.

- En ce qui concerne sa production picturale, bien qu'on y détecte encore l'influence gothique, elle est profondément marquée par les deux voyages de Dürer en Italie. L'artiste en retient d'abord l'aspect scientifique de son travail de peintre : pour composer ses toiles, il étudie minutieusement les proportions humaines et les lois de la perspective, et il produit une quantité impressionnante de dessins et d'études préparatoires, révélant une attention scrupuleuse à chaque détail. Il en résulte des œuvres au réalisme parfois saisissant.

- Dürer peint principalement des scènes religieuses (surtout des Vierges à l'Enfant), mais également des autoportraits et des portraits particulièrement détaillés. Les paysages, quant à eux, sont réservés à ses œuvres gravées ou à ses aquarelles.

- C'est toutefois principalement à ses gravures que l'artiste doit sa renommée. Celles-ci relèvent d'une qualité technique exceptionnelle. Elles présentent par ailleurs la même construction mathématique de l'espace, la même recherche de l'exacte proportion des formes et le même souci de réalisme que ses peintures.

- Dürer est apprécié par ses contemporains, et cette admiration
  ne faiblit pas avec le temps. De nos jours, il est encore considéré
  comme un symbole de la période faste et prospère de l'Allemagne.

POUR ALLER PLUS LOIN

SOURCES BIBLIOGRAPHIQUES

- Barmont (Louis), *L'Ésotérisme d'Albert Dürer. La* Melancholia, Paris, Les éditions traditionnelles, 1994.
- Berger (John), *Albrecht Dürer. Aquarelles et dessins*, Cologne, Taschen, 1994.
- Bernard (Edina), *Histoire de l'art du Moyen Âge à nos jours*, Paris, Larousse, 2006.
- Borer (Alain), *L'Œuvre gravé d'Albrecht Dürer*, Paris, Bookking International, 1994.
- Doorly (Patrick), *Durer's* Melancholia *: Plato's abandoned search for the beautiful*, New York, College Art Association, 2006.
- « Dürer », sur http://duerer-in-frankfurt.de/en/exhibition/, consulté le 03/07/2014.
- Klibansky (Raymond), Panofsky (Erwin) et Saxl (Fritz), *Saturne et la Mélancolie*, Paris, Gallimard, 1989.
- Mignot (Claude) et Rabreau (Daniel), *Temps modernes*, Paris, Flammarion, 1996.
- Panofsky (Erwin), *La Vie et l'Oeuvre d'Albrecht Dürer*, Paris, Hazan, 2012.
- « Renaissance nordique », sur http://www.aparences.net/periodes/la-renaissance-nordique/la-renaissance-nordique/, consulté le 03/07/2014.
- Schäfer (Otto), *Dürer. Achtzig Meisterblätter*, catalogue d'exposition, Munich, 2000.
- Wimpfeling (Jacques), *Epithomarerum Germanicarum*, Strasbourg, 1505.

SOURCES ICONOGRAPHIQUES

- DÜRER (Albrecht), *Autoportrait à la fourrure*, 1500, huile sur bois, 67,1 x 48,7 cm, Munich, pinacothèque. La photo reproduite est réputée libre de droits.
- DÜRER (Albrecht), *La Vierge de la fête du rosaire*, 1506, huile sur bois, 162 x 192 cm, Prague, galerie nationale. La photo reproduite est réputée libre de droits.
- DÜRER (Albrecht), *Le Bain des hommes*, 1496, gravure sur bois, 39,1 x 28 cm, Paris, bibliothèque Sainte-Geneviève. La photo reproduite est réputée libre de droits.
- DÜRER (Albrecht), *Le Lièvre*, 1502, aquarelle et gouache sur papier, 25,1 x 22,6 cm, Vienne, musée Albertina. La photo reproduite est réputée libre de droits.
- DÜRER (Albrecht), *Melancholia*, 1514, gravure sur cuivre, 23,9 x 16,8 cm, Francfort-sur-le-Main, Städel. La photo reproduite est réputée libre de droits.
- DÜRER (Albrecht), *Portrait de l'empereur Maximilien Ier*, 1519, huile sur bois (tilleul), 74 x 61,5 cm, Vienne, Kunsthistorisches Museum, Gemäldegalerie. La photo reproduite est réputée libre de droits.

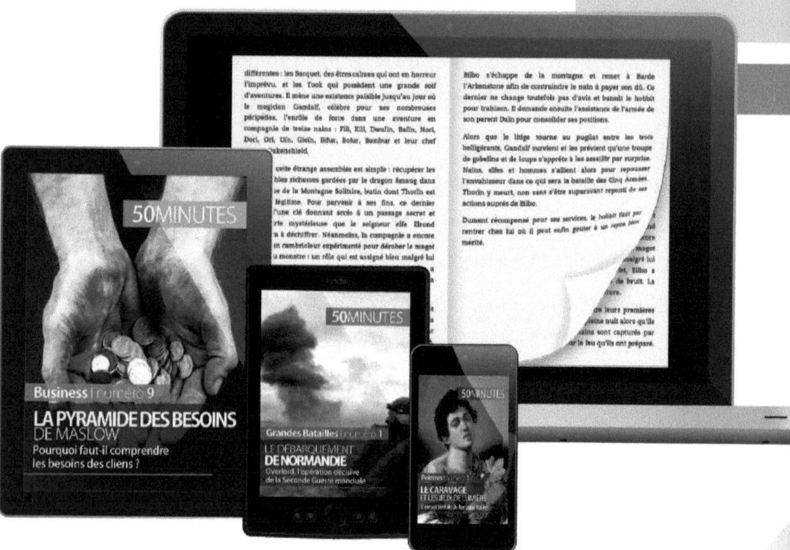

50MINUTES

Art

Business

Histoire

50MINUTES

Business | numéro 9
LA PYRAMIDE DES BESOINS
DE MASLOW
Pourquoi faut-il comprendre
les besoins des clients ?

50MINUTES

Grandes Batailles | numéro 1
LE DÉBARQUEMENT
DE NORMANDIE
Overlord, l'opération décisive
de la Seconde Guerre mondiale

50MINUTES

Peintres | numéro 1
LE CARAVAGE
ET LES JEUX DE LUMIÈRE

www.50minutes.com

Éditeur responsable : Lemaitre Publishing
Rue Lemaitre 4 | BE-5000 Namur
info@lemaitre-editions.com

ISBN ebook : 978-2-8062-5804-5
ISBN papier : 978-2-8062-5805-2
Dépôt légal : D/2014/12603-171
Photo de couverture : © *Melancholia*, 1514, par Albrecht Dürer.

Conception numérique : Primento,
le partenaire numérique des éditeurs